ABC 초등 영어쓰기 (개정판)

2006년 3월 30일 초판 1쇄 발행
2024년 7월 5일 개정 1쇄 인쇄
2024년 7월 10일 개정 1쇄 발행

지은이 국제어학연구소 영어학부
펴낸이 이규인
펴낸곳 국제어학연구소 출판부
책임편집 조성희
편 집 문성원
삽 화 이경
표지 디자인 강윤선
편집 디자인 강윤선·강윤희

출판등록 2010년 1월 18일 제302-2010-000006호
주소 서울특별시 마포구 대흥로4길 49, 1층(용강동 월명빌딩)
Tel (02) 704-0900 팩시밀리 (02) 703-5117
홈페이지 www.bookcamp.co.kr
e-mail changbook1@hanmail.net

ISBN 979-11-9875875-0 13740
정가 15,000원

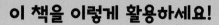

알파벳·대문자·소문자 따라 쓰기

대문자 A~Z까지, 소문자 a~z까지 따라 써 보세요.

알파벳 쓰는 순서에 따라 대문자를 먼저 따라 쓰고 소문자를 따라 써 보세요.
발음에 대한 설명을 읽고 따라 쓰면서 정확하게 소리 내어 발음해 보세요.

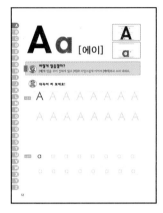

영어 단어 따라 쓰기

각각의 알파벳 A~Z로 시작하는 약 160 여개의 영어 단어를 따라 써 보세요.

A~Z까지 알파벳 순서로 단어들이 6개씩 나열되어 있어요. 그림을 보면서 기본적인 영어 단어를 익혀 보세요. 해당하는 줄에 맞춰서 예쁘게 따라 써 보세요.

Words Game

앞에서 익힌 영어 단어를 Words Game을 통해 재미있게 익혀 보세요. 해당하는 그림의 영단어를 찾아 줄을 잇거나 빈 칸을 채우거나 영단어의 스펠링을 올바르게 다시 나열해 보세요.

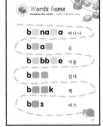

기초 영어회화 표현 따라 쓰기

인사말부터 기본적인 문법에 해당하는 문장까지 기초 영어 표현을 따라 써 보세요. 총 15개의 카테고리로 되어 있어요. 영어에서 가장 기본이 되는 문장이므로 꼭 알아두고 넘어 가세요.

Let's Review

앞에서 공부한 기초적인 회화 문장들을 빈칸 채우기 연습문제로 다시 확인해 보세요. 여기에 나온 표현들은 가장 중요한 문장들이므로 꼭 기억하세요.

알파벳 필기체 따라 쓰기

A ~Z까지의 영어 필기체 대문자 · 소문자를 따라 써 보세요. 처음에는 따라 쓰기 힘들지만 여러번 반복해서 따라 쓰다 보면 금방 손에 익숙해 져요.

차례

Part I

영어 공부의 시작이 되는 알파벳 따라 쓰기

Part II

기초 영어회화 표현 따라 쓰기

Part III

알파벳 필기체 따라 쓰기

정답

알파벳

ALPHABET

Aa
[ei]
에이

Bb
[biː]
비-

Cc
[siː]
씨-

Dd
[diː]
디-

Ee
[iː]
이-

Ff
[ef]
에프

Gg
[dʒiː]
쥐 -

Hh
[eitʃ]
에이취

Ii
[ai]
아이

Jj
[dʒei]
쥐에이

Kk
[kei]
케이

Ll
[el]
엘

Mm
[em]
엠

Nn
[en]
엔

Oo
[ou]
오우

Pp
[piː]
피-

Qq
[kiuː]
큐-

Rr
[aːɾ]
아-ㄹ

Ss
[es]
에스

Tt
[tiː]
티-

Uu
[juː]
유-

Vv
[viː]
비-

Ww
[dʌ́bljuː]
더블유-

Xx
[eks]
엑스

Yy
[wai]
와이

Zz
[ziː]
지-

알파벳에대해알아보아요.

영어에도 한글과 같이 자음과 모음이 있어요. 한글의 자음은
ㄱ, ㄴ, ㄷ, ㄹ, ㅁ, ㅂ, ㅅ, ㅇ, ㅈ, ㅊ, ㅋ, ㅌ, ㅍ, ㅎ 이렇게
14자가 있어요. 한글의 모음은 ㅏ, ㅑ, ㅓ, ㅕ, ㅗ, ㅛ, ㅜ, ㅠ,
ㅡ, ㅣ 이렇게 10자가 있어요.

영어의 자음은 B, C, D, F, G, H, J, K, L, M, N, P, Q, R, S, T,
V, W, X, Y, Z 이렇게 21자가 있어요. 그럼 영어의 모음에는
어떤 것들이 있을까요? 영어의 모음에는 A, E, I, O, U 이렇
게 5자가 있어요. 영어의 자음 21자와 모음 5자를 합친 26자
를 알파벳(Alphabet)이라고 말해요!

알파벳은 대문자와 소문자가 있어요. 알파벳 대문자를
한번 살펴볼까요?

A, B, C, D, E, F, G, H, I, J, K, L, M, N, O, P, Q, R, S,
T, U, V, W, X, Y, Z 이렇게 쓰는 것이 알파벳 대문자
예요. a, b, c, d, e, f, g, h, i, j, k, l, m, n, o, p, q, r, s,
t, u, v, w, x, y, z 이렇게 쓰는 것이 알파벳 소문자이
구요. 알파벳 대문자와 소문자는 모양이 다르니까 모두
알아 두어야 해요. 쓰임도 달라서 문장을 시작하는 첫
글자는 알파벳 대문자를 써야 해요.

이제 A부터 Z까지 알파벳을 하나하나 쓰면서 익힐 거
예요. 쓰는 순서에 따라 예쁘게 써 보세요. 알파벳과
단어를 쓰면서 발음해 보는 것도 잊지 마세요!

[에이]

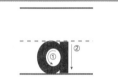

 어떻게 발음할까?
[에]에 힘을 주어 강하게 읽고 [이]와 자연스럽게 이어서 [에이]라고 소리 내세요.

 따라서 써 보세요!

대문자 A A A A A A A A A

A A A A A A A A A

소문자 a a a a a a a a a

a a a a a a a a a

airplane
비행기

airplane   airplane

airplane   airplane

album
사진첩

album album album

album album album

apple
사과

apple apple apple

apple apple apple

arrow
화살

arrow arrow arrow

arrow arrow arrow

ant
개미

ant ant ant ant

ant ant ant ant

angel
천사

angel angel angel

angel angel angel

14

Words Game

Find and Match | 그림에 해당하는 단어들을 연결해 보세요.

album

airplane

arrow

apple

ant

angel

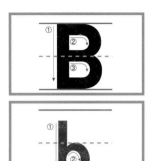

B b [비-]

 어떻게 발음할까?

입술을 가볍게 붙였다 떼면서 [비]를 강하고 길게 소리 내요. [비]뒤의 '—'표시는 길게
발음하라는 장음의 표시예요.

 따라서 써 보세요!

대문자

B B B B B B B B B

B B B B B B B B

소문자

b b b b b b b b b

b b b b b b b b

B b로 시작되는 단어들을 따라 써 보세요!

banana
바나나

banana   banana

banana   banana

bear
곰

bear   bear   bear

bear   bear   bear

bubble
거품

bubble   bubble

bubble   bubble

bed
침대

bed   bed   bed

bed   bed   bed

book
책

book   book   book

book   book   book

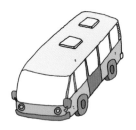

bus
버스

bus   bus   bus

bus   bus   bus

Words Game

Complete the words | 다음의 단어를 완성해 보세요.

b⬜na⬜a　바나나

b⬜a⬜　곰

b⬜bb⬜e　거품

b⬜⬜　침대

b⬜⬜k　책

b⬜s　버스

[씨-]

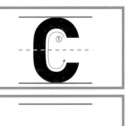

어떻게 발음할까?
입술을 길게 늘이고, 윗니와 아랫니 사이에서 내는 소리예요. 이를 맞대고 [씨]라고
강하고 길게 발음해요.

따라서 써 보세요!

대문자

C   C   C   C   C   C   C   C

C   C   C   C   C   C   C

소문자

c   c   c   c   c   c   c   c

c   c   c   c   c   c   c

camera
카메라

camera   camera

camera   camera

clock
시계

clock   clock   clock

clock   clock   clock

computer
컴퓨터

computer   computer

computer   computer

car
자동차

car car car car

car car car car

cat
고양이

cat cat cat cat

cat cat cat cat

cup
컵

cup cup cup cup

cup cup cup cup

Words Game

Fill in the blanks | 그림의 단어의 철자를 채우세요.

카메라

시계

컴퓨터

자동차

고양이

컵

Dd [디-]

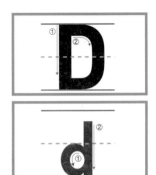

어떻게 발음할까?

윗니와 아랫니를 약간 벌린 상태에서 혀끝을 윗니 뒤에 살짝 붙였다 떼면서 [디]라고 강하고 길게 발음해요.

따라서 써 보세요!

대문자

D D D D D D D D

D D D D D D

소문자

d d d d d d d d

d d d d d d d

24

dad
아빠

dad ~~dad~~ ~~dad~~

~~dad~~ ~~dad~~ ~~dad~~

drum
북

drum ~~drum~~ ~~drum~~

~~drum~~ ~~drum~~ ~~drum~~

desk
책상

desk ~~desk~~ ~~desk~~

~~desk~~ ~~desk~~ ~~desk~~

dog
개

dog dog dog dog

dog dog dog dog

doll
인형

doll doll doll doll

doll doll doll doll

duck
오리

duck duck duck

duck duck duck

Words Game

Find and Circle │ 다음의 알파벳들 속에서 그림에 해당하는 철자들을
찾아 동그라미를 그리세요.

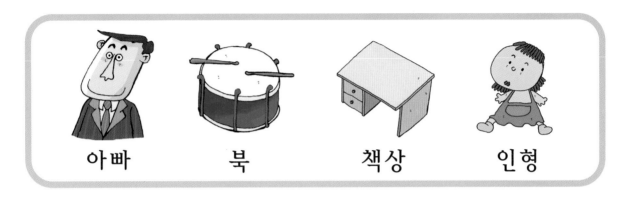

d	o	l	l	a	e

d o l l a e
g h j z x d
d d a d w r
b n m h q u
d e s k d m
v c x l m s

E e [이-]

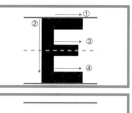

어떻게 발음할까?

입술을 옆으로 약간 늘이고, 윗니 아랫니를 약간 벌린 사이로 [이]라고 강하고 길게 발음해요.

따라서 써 보세요!

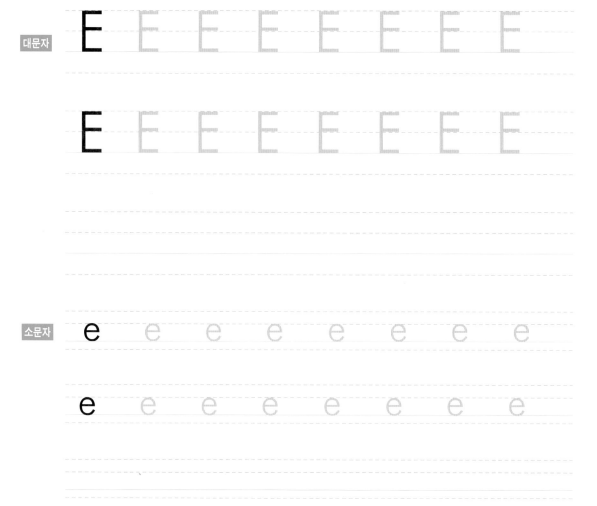

대문자

E E E E E E E E E E

E E E E E E E E E E

소문자

e e e e e e e e

e e e e e e e e

28

eagle
독수리

eagle eagle eagle

eagle eagle eagle

egg
달걀

egg egg egg

egg egg egg egg

eraser
지우개

eraser eraser eraser

eraser eraser eraser

elephant
코끼리

elephant ~~elephant~~

~~elephant~~ ~~elephant~~

elf
요정

elf ~~elf~~ ~~elf~~ ~~elf~~

~~elf~~ ~~elf~~ ~~elf~~ ~~elf~~

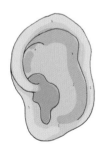

ear
귀

ear ~~ear~~ ~~ear~~ ~~ear~~

~~ear~~ ~~ear~~ ~~ear~~ ~~ear~~

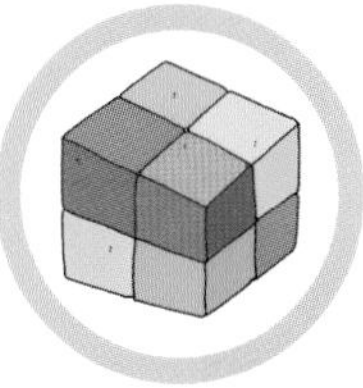

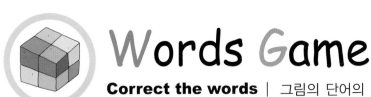

Words Game

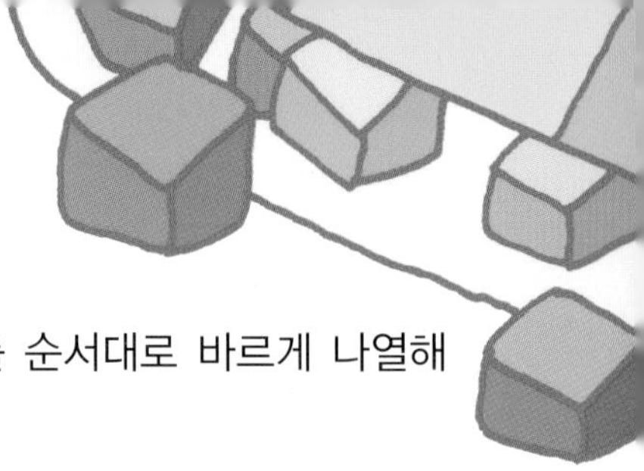

Correct the words | 그림의 단어의 철자를 순서대로 바르게 나열해 보세요.

agele geg serera eelphtan fel

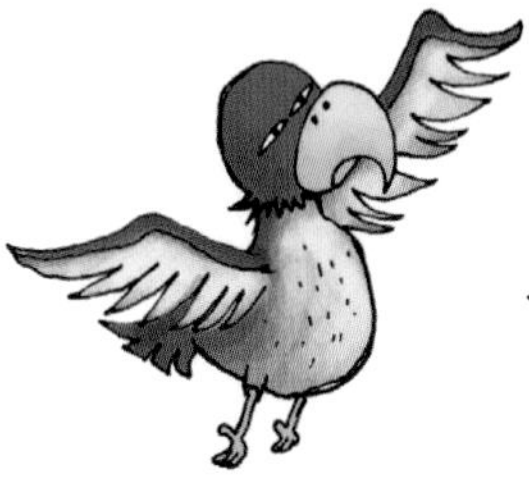

독수리

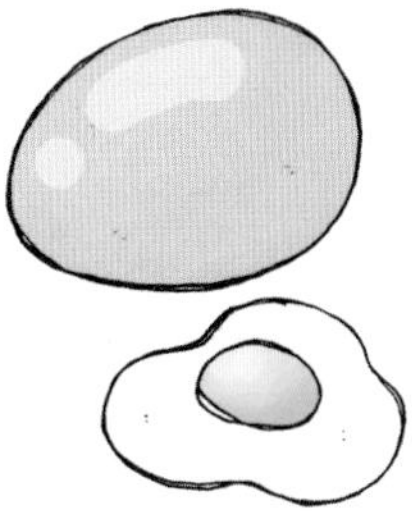

달걀

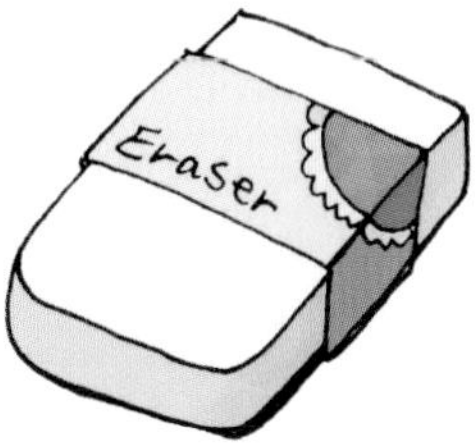

지우개

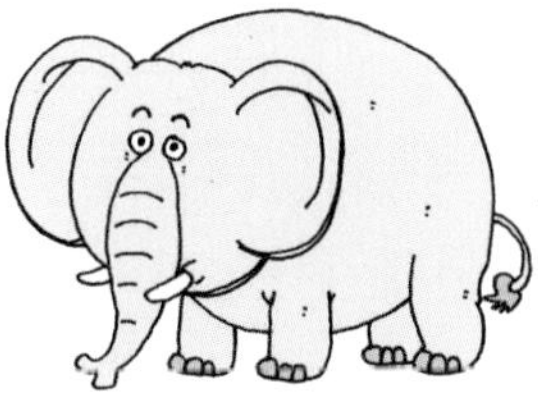

코끼리

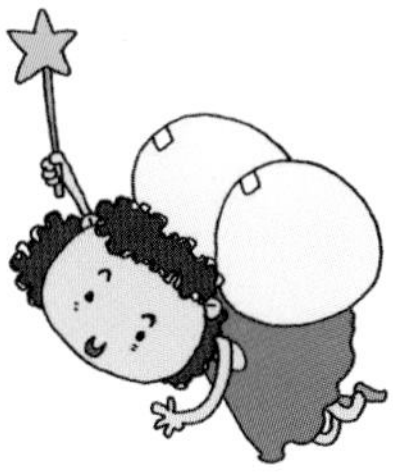

요정

F f

[에프]

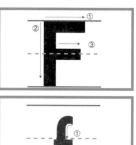

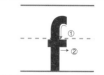

 어떻게 발음할까?

[에]를 강하게 발음한 뒤, 윗니를 아랫입술에 살짝 데면서 [프]라고 발음해요. [에]와
[프]를 연결하여 자연스럽게 발음해요.

 따라서 써 보세요!

대문자

F F F F F F F F F F

F F F F F F F F F

소문자

f f f f f f f f f f

f f f f f f f f f f

32

finger
손가락

finger finger finger

finger finger finger

fish
물고기

fish fish fish fish

fish fish fish fish

flower
꽃

flower flower flower

flower flower flower

fire
불

fire　fire　fire　fire

fire　fire　fire　fire

frog
개구리

frog　frog　frog

frog　frog　frog

fin
지느러미

fin　fin　fin　fin

fin　fin　fin　fin　fin

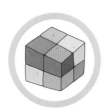

Words Game

Find and Match | 그림에 해당하는 단어들을 연결해 보세요.

 **finger**

fish

 **flower**

 **fire**

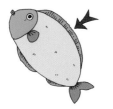 **frog**

 **fin**

G g [쥐-]

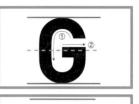

 어떻게 발음할까?
입술을 내밀면서 [쥐]를 강하고 길게 발음해요.

 따라서 써 보세요!

대문자

G G G G G G

G G G G G G

소문자

g g g g g g g g

g g g g g g g g

36

giraffe
기린

giraffe giraffe giraffe

giraffe giraffe giraffe

grape
포도

grape grape

grape grape grape

guitar
기타

guitar guitar guitar

guitar guitar guitar

girl
소녀

girl girl girl girl

girl girl girl girl

goat
염소

goat goat goat

goat goat goat

grass
잔디

grass grass grass

grass grass grass

Words Game

Complete the words | 다음의 단어를 완성해 보세요.

g▢ra▢fe　기린

g▢a▢e　포도

g▢it▢r　기타

g▢▢l　소녀

g▢▢t　염소

g▢ass　잔디

39

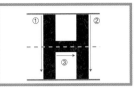

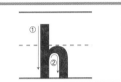

Hh [에이취]

 어떻게 발음할까?

[에]를 강하게 소리 내고 [이취]는 [에]소리 다음에 약하게 붙여 발음해요. 각각의 발음은 자연스럽게 붙여서 발음해요.

 따라서 써 보세요!

대문자

H H H H H H H

H H H H H H H

소문자

h h h h h h h

h h h h h h h

hamburger
햄버거

hamburger hamburger

hamburger hamburger

horse
말

horse horse horse

horse horse horse

house
집

house house house

house house house

41

ham
햄

ham   ham   ham

ham   ham   ham

hat
모자

hat   hat   hat   hat

hat   hat   hat   hat

hippo
하마

hippo   hippo   hippo

hippo   hippo   hippo

Words Game

Fill in the blanks | 그림의 단어의 철자를 적어 보세요.

 햄버거

 말

 집

햄

모자

하마

I i

[아이]

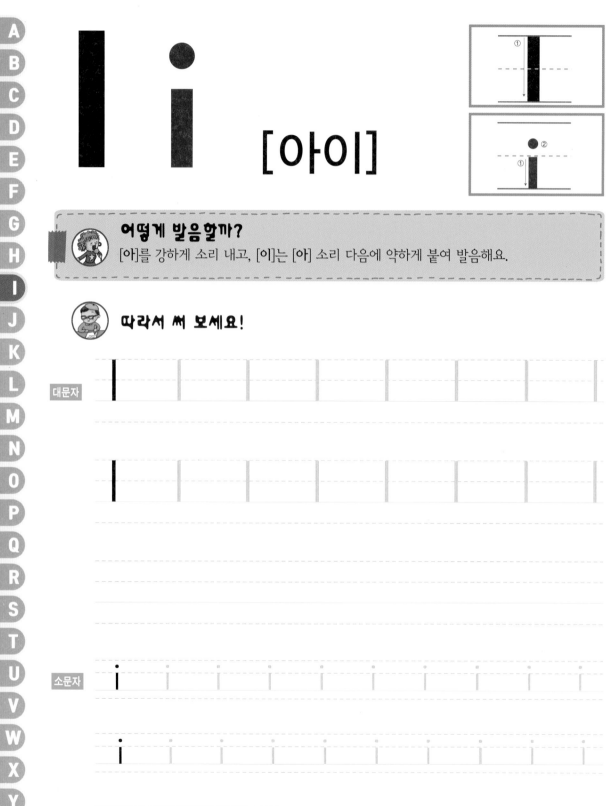

어떻게 발음할까?

[아]를 강하게 소리 내고, [이]는 [아] 소리 다음에 약하게 붙여 발음해요.

따라서 써 보세요!

대문자

소문자

I i로 시작되는 단어들을 따라 써 보세요!

ice
얼음

ice   ice   ice   ice

ice   ice   ice   ice

ink
잉크

ink   ink   ink   ink

ink   ink   ink   ink

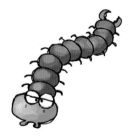

insect
벌레

insect   insect   insect

insect   insect   insect

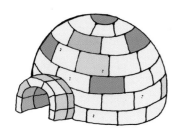

igloo
이글루, 얼음집

igloo igloo igloo

igloo igloo igloo

Indian
인디언

Indian Indian Indian

Indian Indian Indian

in
안으로

in in in in in in

in in in in in in

Words Game

Find and Circle | 다음의 알파벳들 속에서 그림에 해당하는 철자들을 찾아 동그라미를 그리세요.

| 얼음 | 잉크 | 벌레 | 얼음집 | 인디언 |

i	d	i	n	h	i	i
g	i	c	e	r	y	n
d	e	c	v	b	n	d
z	n	i	n	k	l	i
i	g	l	o	o	q	a
r	t	y	i	x	z	n
i	n	s	e	c	t	g

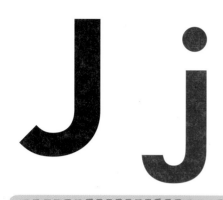

J j [줴이]

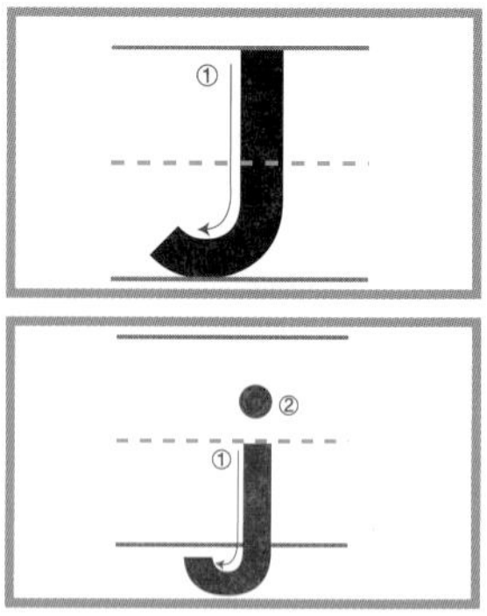

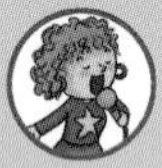

어떻게 발음할까?

[줴]를 강하게 소리 내고, [이]는 [줴]소리 다음에 약하게 붙여 발음해요. 각각의 소리는 자연스럽게 붙여 발음해요.

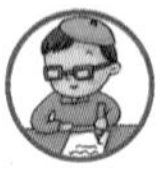

따라서 써 보세요!

대문자

J J J J J J J J J J

J J J J J J J J J J

소문자

j j j j j j j j j j

j j j j j j j j j j

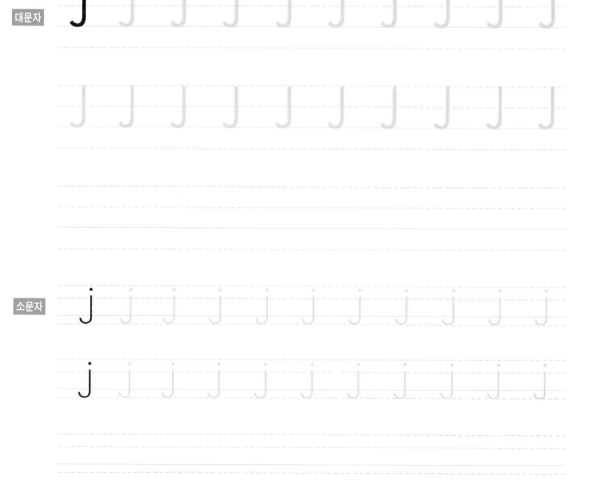

jelly
젤리

jelly   jelly   jelly

jelly   jelly   jelly

juice
주스

juice   juice   juice

juice   juice   juice

jungle
정글

jungle   jungle

jungle   jungle

49

jam
잼

jam jam jam

jam jam jam

jet
제트기

jet jet jet jet

jet jet jet jet

June
6월

June June June

June June June

Words Game

Correct the words │ 그림의 단어의 철자를 순서대로 바르게 나열해
보세요.

Ilyje   ceiju   glejun   amj   etj

 젤리

 주스

 정글

 잼

 제트기

Kk [케이]

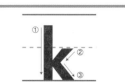

 어떻게 발음할까?

[케]를 강하게 소리 내고, [이]는 [케]소리 다음에 약하게 붙여 발음해요. 각각의 소리
는 자연스럽게 붙여 발음해요.

 따라서 써 보세요!

대문자

K K K K K K K K K

K K K K K K K K

소문자

k k k k k k k k k

k k k k k k k k

kangaroo
캥거루

kangaroo kangaroo

kangaroo kangaroo

kite
연

kite   kite   kite   kite

kite   kite   kite   kite

kitchen
부엌

kitchen   kitchen

kitchen   kitchen

key
열쇠

key   key   key   key

key   key   key   key

king
왕

king   king   king   king

king   king   king   king

koala
코알라

koala   koala   koala

koala   koala   koala

Words Game

Find and Match | 그림에 해당하는 단어들을 연결해 보세요.

  **kangaroo**

 **kite**

 **kitchen**

 **key**

 **king**

 **koala**

[엘]

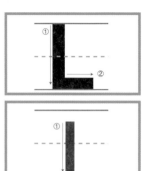

어떻게 발음할까?

혀끝을 윗니 바로 뒤의 입천장에 갔다 대고 [엘]이라고 강하게 소리 내요.
이때 받침 [ㄹ]은 혀를 고정시킨 채 강하게 발음해요.

따라서 써 보세요!

대문자

소문자

L l로 시작되는 단어들을 따라 써 보세요!

lion
사자

lion   lion   lion

lion   lion   lion

lemon
레몬

lemon lemon lemon

lemon lemon lemon

lollipop
막대사탕

lollipop   lollipop

lollipop   lollipop

lamp
램프

lamp ~~lamp lamp~~

~~lamp lamp lamp~~

leg
다리

leg ~~leg leg leg~~

~~leg leg leg leg~~

ladder
사다리

ladder ~~ladder ladder~~

~~ladder ladder ladder~~

Words Game

Complete the words | 다음의 단어를 완성해 보세요.

l ▢ o ▢   사자

l ▢ m ▢ n   레몬

l ▢ ll ▢ po ▢   막대사탕

▢ am ▢   램프

▢ e ▢   다리

l ▢ d ▢ e ▢   사다리

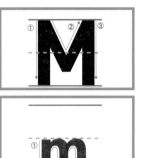

 어떻게 발음할까?

입을 벌렸다 다물면서 [엠]을 강하게 소리 내요. [ㅁ]은 입을 닫은 상태에서 콧소리를 이용해서 발음해요.

 따라서 써 보세요!

대문자

M M M M M M M

M M M M M M

소문자

m m m m m m m

m m m m m m m

magnet
자석

magnet   magnet

magnet   magnet

milk
우유

milk milk milk milk

milk milk milk milk

mouse
생쥐

mouse mouse mouse

mouse mouse mouse

melon
멜론

melon melon melon

melon melon melon

mug
머그컵

mug mug mug

mug mug mug

mother
어머니

mother mother

mother mother

Words Game

Fill in the blanks | 그림의 단어의 철자를 적어 보세요.

 자석

 우유

 생쥐

 멜론

 어머니

 머그컵

N n  [엔]

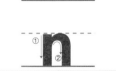

입술을 약간 벌리고, 혀끝을 윗니 뒤쪽 입천장에 대고 [엔]이라고 강하게 소리 내요.
[엠]은 입을 다물고 발음하고, [엔]은 입술을 약간 열고 발음해요.

 따라서 써 보세요!

대문자

N N N N N N N N

N N N N N N N

소문자

n n n n n n n n

n n n n n n n n

64

night
밤

night　night　night

night　night　night

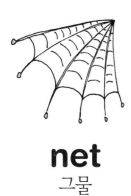

net
그물

net　net　net

net　net　net　net

number
숫자

number　number

number　number

nest
둥지

nest nest nest nest

nest nest nest nest

nose
코

nose nose nose

nose nose nose

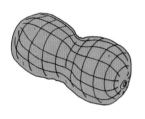

nut
견과류

nut nut nut nut

nut nut nut nut

Words Game

Find and Circle | 다음의 알파벳들 속에서 그림에 해당하는 철자들을 찾아 동그라미를 그리세요.

| 밤 | 그물 | 숫자 | 둥지 | 코 |

n	i	g	h	t	d
e	t	u	o	p	n
n	e	s	t	k	e
q	a	n	m	l	t
n	u	m	b	e	r
x	z	n	o	s	e

O o [오우]

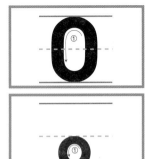

 어떻게 발음할까?

입술을 동그랗게 오므려 [오]를 강하게 소리 내요. [오]소리 다음에 가볍게 [우]를 붙여 발음해요. 각각의 소리는 자연스럽게 붙여 발음해요.

 따라서 써 보세요!

대문자

O ○ ○ ○ ○ ○

○ ○ ○ ○ ○ ○

소문자

○ ○ ○ ○ ○ ○ ○ ○

○ ○ ○ ○ ○ ○ ○ ○

octopus
문어

octopus   octopus

octopus   octopus

oil
기름

oil   oil   oil   oil

oil   oil   oil   oil   oil

orange
오렌지

orange   orange

orange   orange

owl
부엉이

owl owl owl

owl owl owl

ox
황소

ox ox ox ox

ox ox ox ox

October
10월

October October

October October

Words Game

Correct the words │ 그림의 단어의 철자를 순서대로 바르게 나열해 보세요.

toocpus   ilo   angeor   wlo   xo

문어

기름

오렌지

부엉이

황소

P p [피-]

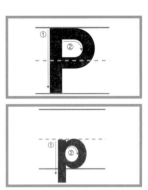

어떻게 발음할까?

입술을 약간 힘을 주어 붙였다 떼면서 [피]를 강하고 길게 발음해요.

따라서 써 보세요!

대문자

P P P P P P P P P

P P P P P P P P

소문자

p p p p p p p p p

p p p p p p p p p

P p로 시작되는 단어들을 따라 써 보세요!

parrot
앵무새

parrot parrot parrot

parrot parrot parrot

piano
피아노

piano piano piano

piano piano piano

potato
감자

potato potato

potato potato

73

pen
펜

pen pen pen pen

pen pen pen pen

pig
돼지

pig pig pig pig

pig pig pig pig

pin
핀, 압정

pin pin pin pin

pin pin pin pin

Words Game

Find and Match | 그림에 해당하는 단어들을 연결해 보세요.

  **parrot**

 **piano**

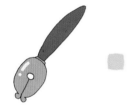 **potato**

 **pen**

 **pig**

 **pin**

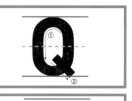

Q q [큐—]

 어떻게 발음할까?

입술을 앞으로 쭈욱 내밀고 [큐]를 강하고 길게 소리 내요. [큐] 앞의 '—'표시는
소리를 길게 내라는 장음표시예요.

 따라서 써 보세요!

대문자

Q Q Q Q Q Q Q

Q Q Q Q Q Q

소문자

q q q q q q q q q q

q q q q q q q q q

76

queen
여왕

queen   queen

queen   queen

quilt
누비이불

quilt   quilt   quilt

quilt   quilt   quilt

quiz
퀴즈

quiz   quiz   quiz

quiz   quiz   quiz

quater
4분의 1

quater

quater

quater   quater

quiet
조용한

quiet

quiet   quiet

quiet   quiet   quiet

question
질문

question

question

question   question

Words Game

Complete the words | 다음의 단어를 완성해 보세요.

q u e e n   여왕

q u i l t   누비이불

q u i z   퀴즈

q u a r ter   4분의 1

q u i e t   조용한

q u e s ti o n 질문

79

R r [아-ㄹ]

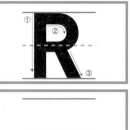

 어떻게 발음할까?

혀끝을 말아 올리며 [아 - ㄹ]이라고 발음해요. [아] 다음에 [ㄹ]을 표시한 이유는 소리가 [알]처럼 받침으로 발음되는 것이 아니라 혀를 구부려 독립적으로 발음하기 때문이에요.

 따라서 써 보세요!

대문자 R R R R R R R R R

R R R R R R R R

소문자 r r r r r r r r r

r r r r r r r r

radio
라디오

radio radio radio

radio radio radio

rainbow
무지개

rainbow rainbow

rainbow rainbow

robot
로봇

robot robot robot

robot robot robot

rabbit
토끼

rabbit rabbit rabbit

rabbit rabbit rabbit

ring
반지

ring ring ring

ring ring ring

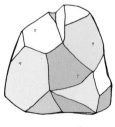

rock
바위

rock rock rock

rock rock rock

Words Game

Fill in the blanks | 그림의 단어의 철자를 적어 보세요.

 라디오

 무지개

 로봇

 토끼

 반지

 바위

S s [에스]

 어떻게 발음할까?
혀끝을 아랫니 뒤쪽에 대고 [에]를 강하게 소리 내고 다음에 [스]와 자연스럽게 붙여서
발음해요.

 따라서 써 보세요!

대문자 S S S S S S S S

S S S S S S S S

소문자 s s s s s s s s s

s s s s s s s s s

84

scissors
가위

scissors   scissors

scissors   scissors

shoe
구두

shoe   shoe   shoe

shoe   shoe   shoe

swing
그네

swing   swing   swing

swing   swing   swing

sea
바다

sea   sea   sea

sea   sea   sea

seal
봉하다

seal   seal   seal

seal   seal   seal

sun
태양

sun   sun   sun

sun   sun   sun

Words Game

Find and Circle | 다음의 알파벳들 속에서 그림에 해당하는 철자들을 찾아 동그라미를 그리세요.

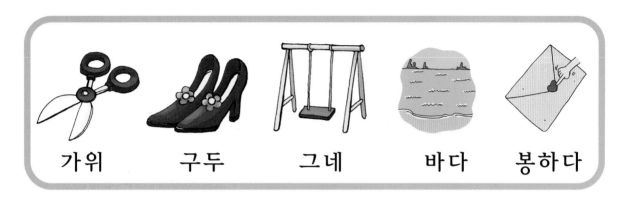

| 가위 | 구두 | 그네 | 바다 | 봉하다 |

s	c	i	s	s	o	r	s
f	d	e	h	j	k	l	m
s	f	d	e	x	s	u	n
h	l	s	e	a	m	h	j
o	k	j	r	t	y	u	p
e	q	w	s	e	a	l	o
w	e	t	g	f	s	a	z
s	w	i	n	g	x	c	v

T t

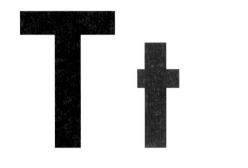 [티-]

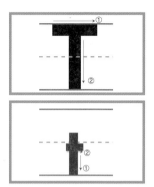

어떻게 발음할까?

아랫니와 윗니 사이에 혀를 약간 물리며 [티]라고 강하고 길게 발음해요.

따라서 써 보세요!

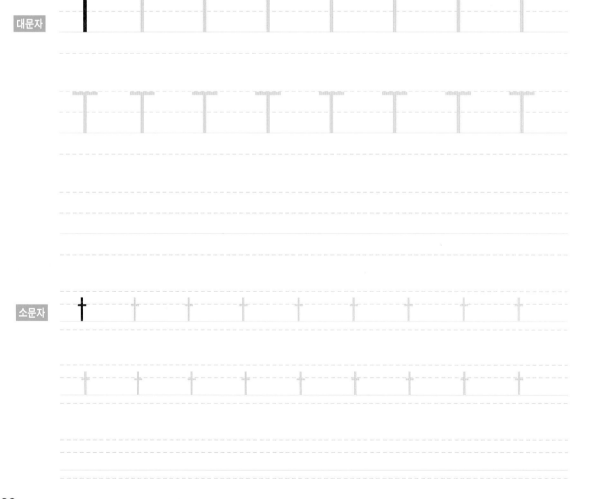

대문자

소문자

tree
나무

tree tree tree

tree tree tree

truck
트럭

truck truck truck

truck truck truck

tulip
튤립

tulip tulip tulip

tulip tulip tulip

ten
10

ten   ten   ten   ten

ten   ten   ten   ten

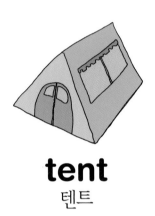

tent
텐트

tent   tent   tent   tent

tent   tent   tent   tent

tiger
호랑이

tiger   tiger   tiger

tiger   tiger   tiger

Words Game

Correct the words | 그림의 단어의 철자를 순서대로 바르게 나열해 보세요.

eetr   ruckt   liptu   entt   gerti

나무

트럭

튤립

텐트

호랑이

U u [유-]

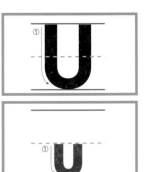

어떻게 발음할까?

입술을 동그랗게 내밀면서 [유]를 강하고 길게 발음해요.

따라서 써 보세요!

대문자

U U U U U U U U

U U U U U U U U

소문자

U U U U U U U U

U U U U U U U U

92

umbrella
우산

umbrella umbrella

umbrella umbrella

uncle
삼촌

uncle uncle uncle

uncle uncle uncle

uniform
유니폼

uniform uniform

uniform uniform

umpire
심판

umpire   umpire

umpire   umpire

up
위로

up   up   up

up   up   up   up

under
아래의

under   under

under   under   under

Words Game

Find and Match | 그림에 해당하는 단어들을 연결해 보세요.

  **umbrella**

 **uncle**

uniform

umpire

up

under

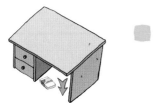

[비 —]

 어떻게 발음할까?

윗니를 아랫입술에 가볍게 대면서 [비—]라고 강하고 길게 발음해요.
처음에 [비—]라고 발음하기 힘들면 [브이]를 빠르게 발음해 보세요.

 따라서 써 보세요!

대문자

V V V V V V V V

V V V V V V V V

소문자

v v v v v v v v

v v v v v v v v

vase
꽃병

vase   vase   vase

vase   vase   vase

vegetable
야채

vegetable   vegetable

vegetable   vegetable

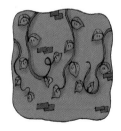

vine
덩굴

vine   vine   vine

vine   vine   vine

vet

수의사

vet   vet   vet   vet   vet

vet   vet   vet   vet   vet

violin

바이올린

violin   violin   violin

violin   violin   violin

vest

조끼

vest   vest   vest

vest   vest   vest

Words Game

Complete the words | 다음의 단어를 완성해 보세요.

 a e 　　꽃병

 e e ab e 　　야채

 i e 　　덩굴

 e 　　수의사

 i li 　　바이올린

v s 　　조끼

99

W w [더블유]

 어떻게 발음할까?
[더]를 강하게 소리 내고, 다음에 [블유]를 약하게 붙여서 소리 내요.
각각의 소리는 자연스럽게 붙여 발음해요.

 따라서 써 보세요!

대문자 W W W W W W

W W W W W W

소문자 W W W W W W W

w w w w w w w

W w로 시작되는 단어들을 따라 써 보세요!

wagon
짐마차

wagon　　wagon

wagon　　wagon

watermelon
수박

watermelon

watermelon

windmill
풍차

windmill　windmill

windmill　windmill

watch
시계

watch watch watch

watch watch watch

web
거미집

web web web

web web web

wig
가발

wig wig wig wig

wig wig wig wig

102

Words Game

Fill in the blanks | 그림의 단어의 철자를 적어 보세요.

 짐마차

 수박

 풍차

 시계

 거미집

 가발

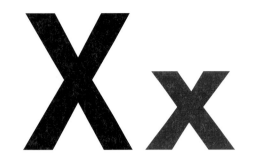 [엑스]

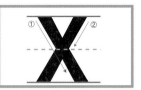

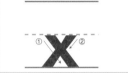

 어떻게 발음할까?

혀끝을 아랫니 뒤에 대고 [엑]을 강하게 소리 내요. [스]는 [엑]과 자연스럽게 붙여 발음해요.

 따라서 써 보세요!

대문자   X   X   X   X   X   X   X   X

X   X   X   X   X   X   X

소문자   x   x   x   x   x   x   x   x

x   x   x   x   x   x   x

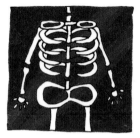

x-ray
엑스레이

x-ray   x-ray   x-ray

x-ray   x-ray   x-ray

X-mas
크리스마스

X-mas   X-mas   X-mas

X-mas   X-mas   X-mas

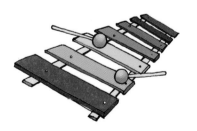

xylophone
실로폰

xylophone   xylophone

xylophone   xylophone

105

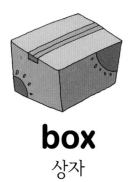

box
상자

box   box   box

box   box   box

fox
여우

fox fox fox fox

fox fox fox fox

mix
섞다

mix   mix   mix

mix   mix   mix

Words Game

Complete the words | 다음의 단어를 완성해 보세요.

x-r☐y　　엑스레이

X-m☐☐s　　크리스마스

x☐loph☐ne　실로폰

bo☐　　상자

☐ox　　여우

☐i☐　　섞다

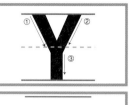

[와이]

A
B
C
D
E
F
G
H
I
J
K
L
M
N
O
P
Q
R
S
T
U
V
W
X
Y
Z

 어떻게 발음할까?

입술을 둥글게 벌리며 [와]를 강하게 소리 내요. [이]와 [와]를 자연스럽게 붙여 발음해요.

 따라서 써 보세요!

대문자 Y

소문자 y

Y y로 시작되는 단어들을 따라 써 보세요!

yarn
털실

yarn   yarn   yarn

yarn   yarn   yarn

yogurt
요구르트

yogurt   yogurt   yogurt

yogurt   yogurt   yogurt

yo-yo
요요(장난감)

yo-yo   yo-yo

yo-yo   yo-yo

yellow
노란색

yellow yellow yellow

yellow yellow yellow

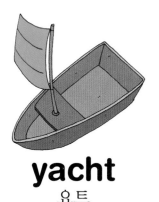

yacht
요트

yacht yacht yacht

yacht yacht yacht

year
한해

year year year

year year year

Words Game

Correct the words | 그림의 단어의 철자를 순서대로 바르게 나열해
보세요.

| arny | gurtyo | oy-oy | wollye | yahct |

털실

요구르트

요요(장난감)

노란색

요트

[즈| –]

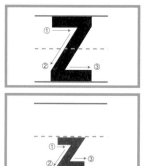

어떻게 발음할까?

아랫니와 윗니를 맞붙인 사이로 [즈|–]라고 발음해요. [쥐]라고 발음하지 않고 [즈이]를
빨리 발음한 것과 같은 소리인 [즈|–]라고 강하고 길게 발음해요.

따라서 써 보세요!

대문자

Z Z Z Z Z Z Z Z Z

Z Z Z Z Z Z Z Z

소문자

z z z z z z z z z

z z z z z z z z z

zebra
얼룩말

zebra   zebra

zebra   zebra

zoo
동물원

zoo   zoo   zoo

zoo   zoo   zoo

zipper
지퍼

zipper   zipper

zipper   zipper

113

zero
영, 제로

zero   zero   zero

zero   zero   zero

zigzag
지그재그

zigzag   zigzag

zigzag   zigzag

ZZZ
코 고는 소리

ZZZ   ZZZ   ZZZ   ZZZ

ZZZ   ZZZ   ZZZ   ZZZ

Words Game

Complete the words | 다음의 단어를 완성해 보세요.

z⬜b⬜a　　얼룩말

⬜o⬜　　　동물원

⬜ip⬜e⬜　지퍼

⬜e⬜o　　제로, 영

z⬜gz⬜g　지그재그

⬜zz　　　코 고는 소리

기초 영어회화 표현 따라 쓰기

상황별 기본 회화를 익혀보아요.

우리는 앞에서 알파벳 대문자와 소문자를 익히고 꼭 알아 두어야 할 단어들을 익혀 보았어요. Part II에서는 영어 공부를 시작할 때 처음 익히게 되는 기본 회화 표현과 문장을 따라 쓰면서 익힐 거예요.

Part II의 이해를 위한 기초적인 문법을 이해해 보아요.

◆ 인칭과 문장 종류에 따른 Be동사의 변화

인칭	Be 동사 (~입니다) 의 형태	부정문 (~이 아니다)의 형태	의문문 (~입니까?)의 형태
나 I	am	am not(줄여서 쓰지 않아요)	Am I ~ ?
우리 we	are	are not (aren't)	Are we~ ?
너 you	are	are not (aren't)	Are you ~ ?
너희들 you	are	are not (aren't)	Are you ~ ?
그 he	is	is not (isn't)	Is he ~ ?
그녀 she	is	is not (isn't)	Is she ~ ?
그것 it	is	is not (isn't)	Is it ~ ?
그들 they	are	are not (aren't)	Are they ~ ?
	①	②	③

① 인칭에 따라서 쓰이는 Be 동사의 현재형이 달라요.
② Be 동사의 현재형의 부정문은 Be 동사 뒤에 not만 써 주면 돼요.
③ Be 동사의 현재형의 의문문은 Be 동사를 주어 앞으로 자리를 바꾸어 주면 돼요.

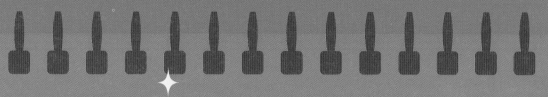

Part II

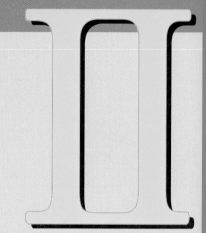

◆ 일반 동사의 부정문과 의문문

부정문은 do not (don't)/does not(doesn't)
을 써 주고, 의문문은 do/does를 문장의 맨 앞에 써
줘요. don't/doesn't 다음에는 동사의 기본형이
오고, 의문문의 do/does 다음에도 동사의 기본형이
와요.

◆ 조동사 can 익히기

조동사 can(~할 수 있다)은 동사 앞에 쓰여요. can 다음에는 반드시 동사의 기본형
이 와야 해요.

◆ Let's 익히기

Let's(~하자, ~합시다)는 Let us의 줄임말이에요. Let은 '~하게 하다'라는 뜻이고
us는 '우리를'이라는 뜻이에요. 뜻은 '(함께) ~하자'는 청유형의 문장이 돼요. let's
다음에는 반드시 동사의 기본형이 와야 해요.

◆ 명령문 익히기

명령문(~해라)은 항상 동사의 기본형으로 시작해요. 부정 명령문(~하지 마세
요)은 앞에 Do not (Don't)을 쓰면 돼요.

1. 인사하기

우리말처럼 영어에도 여러 인사말이 있어요. 가까운 친구에게 쓰는 간단한 인사말부터 어른에게 쓰는 정중한 표현까지 다양하게 있어요. 특히 아침, 점심, 저녁에 쓰는 인사말이 다르니까 때에 맞게 골라 써야 돼요. 헤어질 때에도 여러 표현이 있으니까 달 배워서 직접 활용해 봐요. 자, 여러 가지 인사말을 해 볼까요?

Hi. 안녕

Hi.

Hi.

Hello. 안녕하세요.

Hello.

Hello.

How are you? 안녕하세요?

How are you?

How are you?

I'm fine. Thank you. And you?
잘 지내요. 고마워요. 당신은요?

I'm fine. Thank you. And you?

I'm fine. Thank you. And you?

Good morning, Tom. 안녕, 탐 (오전)

Good morning, Tom.

Good morning, Tom.

Good afternoon, Tom. 안녕, 탐(오후)

Good afternoon, Tom.

Good afternoon, Tom.

Good evening, Tom. 안녕, 탐(저녁)

Good evening, Tom.

Good evening, Tom.

Good night, Jane. 잘 자요, 제인

Good night, Jane.

Good night, Jane.

Have a nice dream. 좋은 꿈꾸세요.

Have a nice dream.

Have a nice dream.

See you tomorrow. 내일 보세요.

See you tomorrow.

See you tomorrow.

See you later. 나중에 보자

See you later.

See you later.

Good-bye. 잘 가요.

Good-bye.

Good-bye.

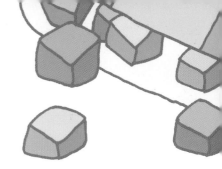

Let's review!

다음의 문장을 완성해 보세요.

1. How _____ you?

안녕하세요?

2. Good _____.

안녕. (아침인사)

3. _____ a nice dream.

좋은 꿈꾸세요.

4. See you _____.

내일 보세요.

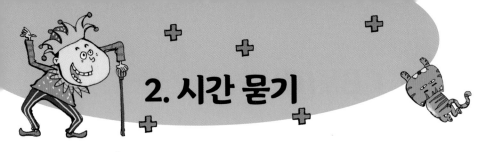

2. 시간 묻기

지금 몇 시인지 묻는 말은 영어로 어떻게 하면 될까요? '지금 몇 시에요?' 라고 말하고 싶을 때는 영어로 'What time is it?'라고 하면 된답니다. 이렇게 시간을 누군가 물어 오면 'It is + 시간'이라고 대답해 주면 돼요. 시간을 자유롭게 말하려면 영어로 숫자를 잘 알아야 된답니다. 이번에 잘 익히도록 해요.

What time is it now? 지금 몇 시예요?

What time is it now?

What time is it now?

It is 8 o'clock. 8시예요.

It is 8 o'clock.

It is 8 o'clock.

It is time to get up. 일어날 시간이에요.

It is time to get up.

It is time to get up.

What time is it? 몇 시예요?

What time is it?

What time is it?

It is ten o'clock. 10시예요.

It is ten o'clock.

It is ten o'clock.

I'm late. 나 늦었어요.

I'm late.

I'm late.

It is half past ten. 10시 반이에요.

It is half past ten.

It is half past ten.

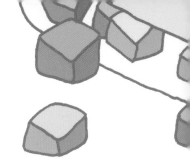

Let's review!

다음의 문장을 완성해 보세요.

1. What _____ is it now?

지금 몇 시예요?

2. It is ____ to get ____.

일어날 시간이에요.

3. It is ____ o'clock.

10시예요.

4. I'm _____.

나 늦었어요.

5. It is half ____ ten.

10시 반이에요.

정답   1.time   2. time, up   3. ten   4. late   5. past

124

3. 날씨 표현하기

날씨가 어떻다는 것을 말하려면 영어로 어떻게 하면 될까요? '날씨가 ~ 해요'라고 말하고 싶을 때는 영어로 'It is + 날씨 상태'라고 하면 된답니다. 이때 'It'는 아무런 뜻이 없는 단어예요. 하지만 날씨를 표현하고 싶을 때에는 반드시 써야 한답니다. 날씨에 관한 다양한 표현을 익혀서 직접 말해 봐요.

How's the weather today? 오늘 날씨 어때요?

How's the weather today?

How's the weather today?

It is sunny. 맑아요.

It is sunny.

It is sunny.

It is clear. 맑아요.

It is clear.

It is clear.

It is cool. 시원해요.

It is cool.

It is cool.

It is very cold. 몹시 추워요.

It is very cold.

It is very cold.

It is warm. 날씨가 따뜻해요.

It is warm.

It is warm.

It is hot. 더워요.

It is hot.

It is hot.

It is cloudy. 흐려요.

It is cloudy.

It is cloudy.

It is windy. 바람이 불어요.

It is windy.

It is windy.

It is raining. 비가 와요.

It is raining.

It is raining.

It is snowing. 눈이 와요.

It is snowing.

It is snowing.

It is humid. 날씨가 습해요.

It is humid.

It is humid.

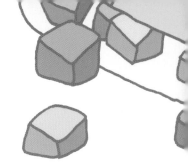

Let's review!

다음의 문장을 완성해 보세요.

1. How's the _____ today?

오늘 날씨 어때요?

2. It is very _____.

몹시 추워요.

3. It is _____.

흐려요.

4. It is _____.

바람이 불어요.

5. It is _____.

날씨가 습해요.

정답   1. weather   2. cold   3. cloudy   4.windy   5. humid

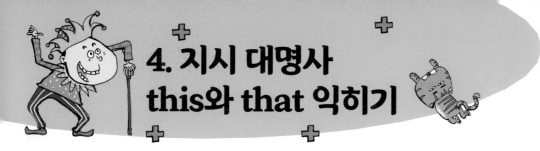

What is this? 이것은 무엇입니까?

What is this?

What is this?

This is a desk. 이것은 책상입니다.

This is a desk.

This is a desk.

This is a pencil. 이것은 연필입니다.

This is a pencil.

This is a pencil.

This is a notebook. 이것은 공책입니다.

This is a notebook.

This is a notebook.

What is that? 저것은 무엇입니까?

What is that?

What is that?

That is a chair. 저것은 의자입니다.

That is a chair.

That is a chair.

That is an eraser. 저것은 지우개입니다.

That is an eraser.

That is an eraser.

That is a mirror. 저것은 거울입니다.

That is a mirror.

That is a mirror.

That is a pen. 저것은 펜입니다.

That is a pen.

That is a pen.

 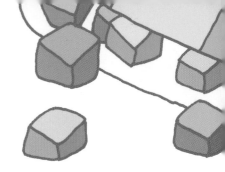

Let's review!

다음의 문장을 완성해 보세요.

1. _____ is this?

이것은 무엇입니까?

2. This is a _____.

이것은 책상입니다.

3. What is _____ ?

저것은 무엇입니까?

4. That is a _____.

저것은 의자입니다.

5. That is a _____.

저것은 거울입니다.

정답   1. What   2.desk   3. that   4. chair   5. mirror

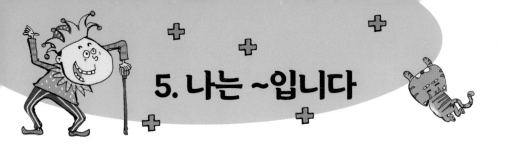

5. 나는 ~입니다

I am a boy. 나는 소년입니다.

I am a boy.

I am a boy.

I am nine years old. 나는 9살입니다.

I am nine years old.

I am nine years old.

I am a student. 나는 학생입니다.

I am a student.

I am a student.

I am Tom. 나는 탐입니다.

I am Tom.

I am Tom.

I am strong. 나는 튼튼해요.

I am strong.

I am strong.

I am tall. 나는 키가 커요.

I am tall.

I am tall.

I am happy. 나는 행복해요.

I am happy.

I am happy.

I am hungry. 나는 배가 고파요.

I am hungry.

I am hungry.

I am sleepy. 나는 졸려요.

I am sleepy.

I am sleepy.

Let's review!

다음의 문장을 완성해 보세요.

1. I _____ a boy.

나는 소년입니다.

2. I am a _____.

나는 학생입니다.

3. I am _____ .

나는 키가 커요.

4. I am _____.

나는 배가 고파요.

5. _____ sleepy.

나는 졸려요.

정답   1. am   2. student   3. tall   4. hungry   5. I am

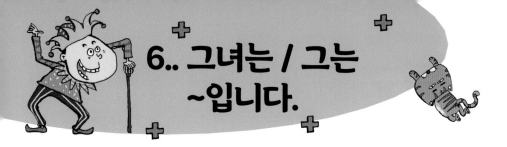

6.. 그녀는 / 그는 ~입니다.

She is my mom. 그녀는 나의 엄마예요.

She is my mom.

She is my mom.

He is my father. 그는 나의 아빠예요.

He is my father.

He is my father.

She is forty years old. 그녀는 40살이에요.

She is forty years old.

She is forty years old.

He is forty-three years old. 그는 43살이에요.

He is forty-three years old.

He is forty-three years old.

She is a doctor. 그녀는 의사예요.

She is a doctor.

She is a doctor.

He is a teacher. 그는 선생님입니다.

He is a teacher.

He is a teacher.

She is fat. 그녀는 뚱뚱해요.

She is fat.

She is fat.

He is brave. 그는 용감해요.

He is brave.

He is brave.

She is short. 그녀는 키가 작아요.

She is short.

She is short.

He is tall. 그는 키가 커요.

He is tall.

He is tall.

She is kind. 그녀는 친절해요.

She is kind.

She is kind.

He is nice. 그는 멋있어요.

He is nice.

He is nice.

She is angry. 그녀는 화가 났어요.

She is angry.

She is angry.

He is tired. 그는 피곤해요.

He is tired.

He is tired.

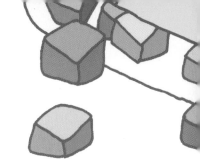

Let's review!

다음의 문장을 완성해 보세요.

1. _____ is my mom.

그녀는 나의 엄마예요.

2. He _____ my father.

그는 나의 아빠예요.

3. She is _____ .

그녀는 친절해요.

4. He is _____.

그는 피곤해요.

정답   1. She   2. is   3. kind   4. tired

138

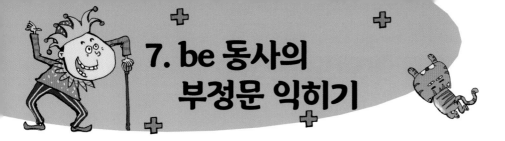

I am not a girl. 나는 소녀가 아니에요.

I am not a girl.

I am not a girl.

I am not eight. 나는 8살이 아니에요.

I am not eight.

I am not eight.

I am not a singer. 나는 가수가 아니에요.

I am not a singer.

I am not a singer.

He is not young. 그는 젊지 않아요.

He is not young.

He is not young.

He is not my grandfather.
그는 나의 할아버지가 아니예요.

He is not my grandfather.

He is not my grandfather.

He is not sick. 그는 아프지 않아요.

He is not sick.

He is not sick.

She is not tall. 그녀는 키가 크지 않아요.

She is not tall.

She is not tall.

She is not hungry. 그녀는 배고프지 않아요.

She is not hungry.

She is not hungry.

She is not sleepy. 그녀는 졸리지 않아요.

She is not sleepy.

She is not sleepy.

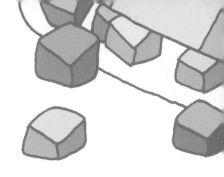

Let's review!

다음의 문장을 완성해 보세요.

1. I am _____ a girl.

나는 소녀가 아니에요.

2. He is _____ young.

그는 젊지 않아요.

3. She is ____ _____ .

그녀는 키가 크지 않아요.

4. She ____ ____ hungry.

그녀는 배고프지 않아요.

5. She is ____ ____ .

그녀는 졸리지 않아요.

8. be 동사의
의문문 익히기

Are you Katie? 너 케이티니?

Are you Katie?

Are you Katie?

Are you an actor? 너 배우니?

Are you an actor?

Are you an actor?

Are you ten years old? 너 열 살이니?

Are you ten years old?

Are you ten years old?

Are you ready? 너 준비됐니?

Are you ready?

Are you ready?

Are you sad? 너 슬프니?

Are you sad?

Are you sad?

Are you bored? 너 지루하니?

Are you bored?

Are you bored?

Are you scared? 너 겁나니?

Are you scared?

Are you scared?

Are you sure? 너 확실하니?

Are you sure?

Are you sure?

Are you from Japan? 너 일본에서 왔니?

Are you from Japan?

Are you from Japan?

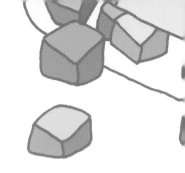

Let's review!

다음의 문장을 완성해 보세요.

1. _____ _____ an actor?

너 배우니?

2. _____ _____ sad?

너 슬프니?

3. Are _____ _____.

너 지루하니?

4. Are ____ ____?

너 확실하니?

5. ____ you ____ Japan?

너 일본에서 왔니?

정답 1. Are you 2. Are you 3. you bored 4. you sure 5. Are, from

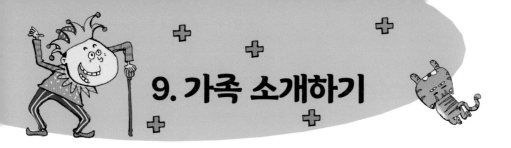

9. 가족 소개하기

How many people are there in your family?
가족이 몇 명이에요?

How many people are there in your family?

How many people are there in your family?

There are five in my family. 5명이 있어요.

There are five in my family.

There are five in my family.

This is my father. 이분은 나의 아버지예요.

This is my father.

This is my father.

This is my mother. 이 분은 나의 어머니예요.

This is my mother.

This is my mother.

This is my brother. 이 아이는 내 남동생이에요.

This is my brother.

This is my brother.

I am the oldest. 나는 맏이에요.

I am the oldest.

I am the oldest.

What does your father do?

너의 아버지는 무엇을 하시니?

What does your father do?

What does your father do?

He is a teacher. 그는 선생님이에요.

He is a teacher.

He is a teacher.

I like my family. 나는 나의 가족이 좋아요.

I like my family.

I like my family.

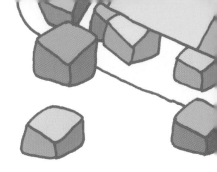

Let's review!

다음의 문장을 완성해 보세요.

1. ___ ___ people are there in your family?

너의 가족은 몇 명이니?

2. ____ _____ five in my family.

5명이 있어요.

3. _____ ___ my brother.

이 아이는 내 남동생이에요.

4. ____ does your father do?

너의 아버지는 무엇을 하시니?

5. I _____ my family.

나는 나의 가족이 좋아요.

정답 1. How many 2. There are 3. This is 4. What 5. like

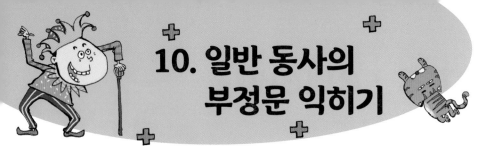

10. 일반 동사의 부정문 익히기

I like milk. 나는 우유가 좋아요.

↔ **I don't like milk.** 나는 우유가 싫어요.

I like milk.

I don't like milk.

I like apples. 나는 사과가 좋아요.

↔ **I don't like apples.** 나는 사과가 싫어요.

I like apples.

I don't like apples.

I like bananas. 나는 바나나가 좋아요.

↔ **I don't like bananas.** 나는 바나나가 싫어요.

I like bananas.

I don't like bananas.

I like winter. 나는 겨울이 좋아요.

↔ **I don't like winter.** 나는 겨울이 싫어요.

I like winter.

I don't like winter.

I like July. 나는 7월이 좋아요.

↔ **I don't like July.** 나는 7월이 싫어요.

I like July.

I don't like July.

I like television. 나는 텔레비전이 좋아요.

↔ **I don't like television.** 나는 텔레비전이 싫어요.

I like television.

I don't like television.

I like a dog. 나는 강아지가 좋아요.

↔ **I don't like a dog.** 나는 강아지가 싫어요.

I like a dog.

I don't like a dog.

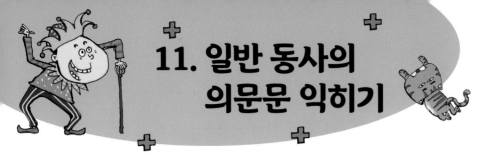

11. 일반 동사의 의문문 익히기

I like you. 나는 네가 좋아.

→ **Do you like me?** 너는 내가 좋아?

I like you.

Do you like me?

I like her. 나는 그녀가 좋아.

→ **Do you like her?** 너는 그녀가 좋아?

I like her.

Do you like her?

I like ice cream. 나는 아이스크림이 좋아.

→ **Do you like ice cream?** 너는 아이스크림을 좋아해?

I like ice cream.

Do you like ice cream?

I like baseball. 나는 야구가 좋아.

→ Do you like baseball? 너는 야구가 좋아?

I like baseball.

Do you like baseball?

I like bubble gum. 나는 풍선껌이 좋아.

→ Do you like bubble gum? 너는 풍선껌이 싫어.

I like bubble gum.

Do you like bubble gum?

I like cats. 나는 고양이가 좋아.

→ Do you like cats? 너는 고양이가 좋아?

I like cats.

Do you like cats?

I like animals. 나는 동물이 좋아.

→ Do you like animals? 너는 동물이 좋아?

I like animals.

Do you like animals?

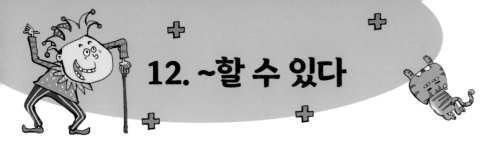

I can play the piano. 나는 피아노를 칠 수 있어.

I can play the piano.

I can play the piano.

I can play the violin. 나는 바이올린을 켤 수 있어.

I can play the violin.

I can play the violin.

I can play soccer. 나는 축구를 할 수 있어.

I can play soccer.

I can play soccer.

I can speak English. 나는 영어를 말할 수 있어.

I can speak English.

I can speak English.

152

I can read English. 나는 영어를 읽을 수 있어.

I can read English.

I can read English.

I can write it in English. 나는 그것을 영어로 쓸 수 있어.

I can write it in English.

I can write it in English.

I can swim. 나는 수영할 수 있어.

I can swim.

I can swim.

I can do this. 나는 이것을 할 수 있어.

I can do this.

I can do this.

I can help you. 나는 너를 도울 수 있어.

I can help you.

I can help you.

Let's review!

다음의 문장을 완성해 보세요.

1. I _____ play the piano.

나는 피아노를 칠 수 있어.

2. I _____ play soccer.

나는 축구를 할 수 있어.

3. I ____ ____ English.

나는 영어를 읽을 수 있어.

4. I ____ ____ ____.

나는 이것을 할 수 있어.

5. I ____ ____ you.

나는 너를 도울 수 있어.

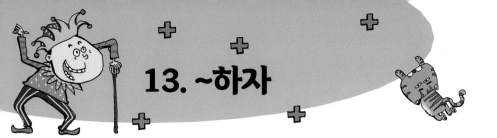

13. ~하자

Let's go to the park. 공원에 가자.

Let's go to the park.

Let's go to the park.

Let's go to the zoo. 동물원에 가자.

Let's go to the zoo.

Let's go to the zoo.

Let's go to school. 학교에 가자.

Let's go to school.

Let's go to school.

Let's have dinner. 저녁 먹자.

Let's have dinner.

Let's have dinner.

Let's watch TV. TV 보자.

Let's watch TV.

Let's watch TV.

Let's study English. 영어 공부하자.

Let's study English.

Let's study English.

Let's go to bed. 잠자러 가자.

Let's go to bed.

Let's go to bed.

Let's take a break. 잠시 쉬자.

Let's take a break.

Let's take a break.

Let's go home. 집에 가자.

Let's go home.

Let's go home.

Let's review!

다음의 문장을 완성해 보세요.

1. _____ go to the park.

공원에 가자.

2. _____ _____ to the zoo.

동물원에 가자.

3. _____ _____ dinner.

저녁 먹자.

4. _____ _____ a break.

잠시 쉬자.

5. _____ go home.

집에 가자.

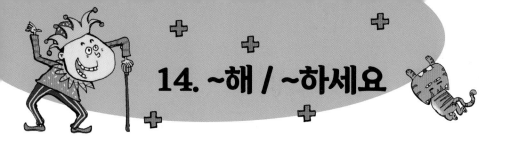

14. ~해 / ~하세요

Look at this. 이것 봐.

Look at this.

Look at this.

Look at that. 저것 봐.

Look at that.

Look at that.

Help me. 도와 줘.

Help me.

Help me.

Clean your room. 네 방 청소해.

Clean your room.

Clean your room.

Stand up. 일어서.

Stand up.

Stand up.

Sit down. 앉아.

Sit down.

Sit down.

Open your book. 책을 펴세요.

Open your book.

Open your book.

Close your book. 책을 덮으세요.

Close your book.

Close your book.

Listen and repeat. 듣고 따라 하세요.

Listen and repeat.

Listen and repeat.

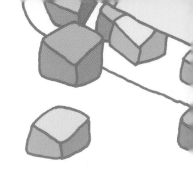

Let's review!

다음의 문장을 완성해 보세요.

1. _____ at this.

이것 봐.

2. _____ me.

도와 줘.

3. _____ _____ .

앉아.

4. _____ your book.

책을 펴세요.

5. Listen and _____ .

듣고 따라 하세요.

정답 1. Look 2. Help 3.Sit down 4. Open 5. repeat

160

15. ~하지 마 /
~하지 마세요

Don't touch it. 그것 만지지 마.

Don't touch it.

Don't touch it.

Don't look at that. 그것 보지 마.

Don't look at that.

Don't look at that.

Don't read this. 이것 읽지 마.

Don't read this.

Don't read this.

Don't worry. 걱정하지 마.

Don't worry.

Don't worry.

Don't cry. 울지 마.

Don't cry.

Don't cry.

Don't be sad. 슬퍼하지 마.

Don't be sad.

Don't be sad.

Don't be afraid. 두려워하지 마.

Don't be afraid.

Don't be afraid.

Don't hurry. 서두르지 마.

Don't hurry.

Don't hurry.

Don't watch TV. TV 보지 마.

Don't watch TV.

Don't watch TV.

 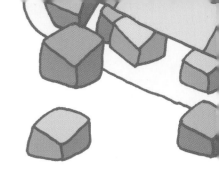

Let's review!

다음의 문장을 완성해 보세요.

1. _____ touch it.

그것 만지지 마.

2. _____ worry.

걱정하지 마.

3. _____ _____ sad.

슬퍼하지 마.

4. _____ _____.

서두르지 마.

5. _____ _____ TV.

TV 보지마.

정답   1. Don't   2. Don't   3. Don't be   4. Don't hurry   5. Don't watch

 # 알파벳 필기체 따라 쓰기

 ## 필기체란 무엇일까요?

필기체에는 대문자 필기체와 소문자 필기체가 있어요. 이것은 영어 문장을 쓸 때 바쁘고 간편하게 이어서 쓰기 위해 만든 거예요. 필기체로 쓰면 손동작이 훨씬 간편해지고, 따라서 빠르게 쓸 수 있어요. 그래서 손으로 편리하게 영어 문장을 쓰기 위해서 필기체를 쓰게 된 거예요. 처음에는 헷갈리기 때문에 어렵게 느껴질 거예요. 하지만 계속 읽고 써 보면 모양에 금세 익숙해질 수 있답니다. 각각의 발음은 기본형과 모두 같아요. 손에 익숙해지도록 천천히 따라 써 봐요.

Part III

다음의 단어를 읽어보세요!
필기체를 익히고 나서 다음의 단어들을 읽어보세요.

elephant

elephant   elephant

giraffe

giraffe   giraffe

How's the weather today?

How's the weather today?

대문자 필기체 따라쓰기

A 𝒜 𝒜 𝒜 𝒜 𝒜 𝒜 𝒜 𝒜 𝒜 𝒜

B ℬ ℬ ℬ ℬ ℬ ℬ ℬ ℬ ℬ ℬ

C 𝒞 𝒞 𝒞 𝒞 𝒞 𝒞 𝒞 𝒞 𝒞 𝒞

D 𝒟 𝒟 𝒟 𝒟 𝒟 𝒟 𝒟 𝒟 𝒟 𝒟

E ℰ ℰ ℰ ℰ ℰ ℰ ℰ ℰ ℰ ℰ

F ℱ ℱ ℱ ℱ ℱ ℱ ℱ ℱ ℱ ℱ

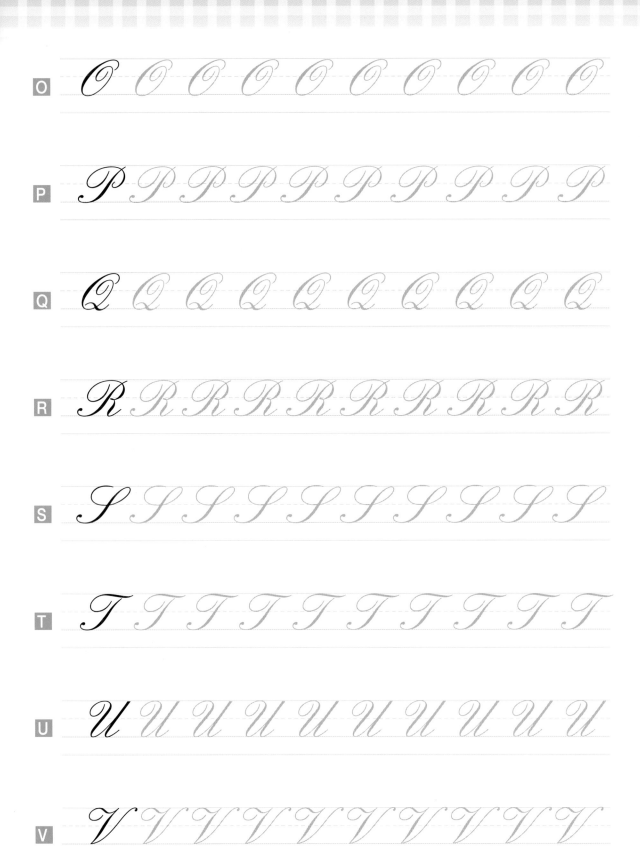

아래의 칸에 대문자 필기체를 A부터 Z까지 차례대로 써넣어 보세요.

소문자 필기체 따라쓰기

a   *a a a a a a a a a a a*

b   *b b b b b b b b b b b*

c   *c c c c c c c c c c c*

d   *d d d d d d d d d d d*

e   *e e e e e e e e e e e*

f   *f f f f f f f f f f f*

g *g g g g g g g g g g*

h *h h h h h h h h h h*

i *i i i i i i i i i i*

j *j j j j j j j j j j*

k *k k k k k k k k k k*

l *l l l l l l l l l l*

m *m m m m m m m m m m*

n *n n n n n n n n n n*

o   o o o o o o o o o o

p   p p p p p p p p p p

q   q q q q q q q q q q

r   r r r r r r r r r r

s   s s s s s s s s s s

t   t t t t t t t t t t

u   u u u u u u u u u u

v   v v v v v v v v v v

| w | _w_ _w_ _w_ _w_ _w_ _w_ _w_ _w_ _w_ _w_ _w_ |

| x | _x_ _x_ _x_ _x_ _x_ _x_ _x_ _x_ _x_ _x_ |

| y | _y_ _y_ _y_ _y_ _y_ _y_ _y_ _y_ _y_ _y_ |

| z | _z_ _z_ _z_ _z_ _z_ _z_ _z_ _z_ _z_ _z_ |

아래의 칸에 소문자 필기체를 a부터 z까지 차례대로 써넣어 보세요.

_a_						
				_z_		

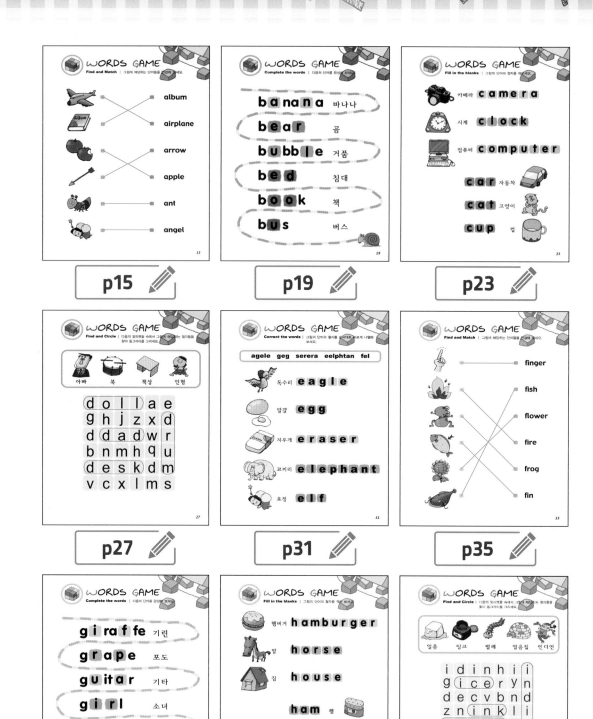

WORDS GAME
Find and Match | 그림에 해당하는 단어를 연결해 보세요.

- album
- airplane
- arrow
- apple
- ant
- angel

15

p15

WORDS GAME
Complete the words | 다음의 단어를 완성해 보세요.

b a n a n a   바나나
b e a r   곰
b u b b l e   거품
b e d   침대
b o o k   책
b u s   버스

19

p19

WORDS GAME
Fill in the blanks | 그림의 단어의 철자를 채워보세요.

카메라   c a m e r a
시계   c l o c k
컴퓨터   c o m p u t e r
c a r   자동차
c a t   고양이
c u p   컵

23

p23

WORDS GAME
Find and Circle | 다음의 알파벳들 속에서 그림에 해당하는 철자들을 찾아 동그라미를 그리세요.

아빠   북   책상   인형

d o l l a e
g h j z x d
d d a d w r
b n m h q u
d e s k d m
v c x l m s

27

p27

WORDS GAME
Correct the words | 그림의 철자를 순서대로 바르게 나열해 보세요.

agele geg serera eelphtan fel

독수리   e a g l e
달걀   e g g
지우개   e r a s e r
코끼리   e l e p h a n t
요정   e l f

31

p31

WORDS GAME
Find and Match | 그림에 해당하는 단어를 연결해 보세요.

- finger
- fish
- flower
- fire
- frog
- fin

35

p35

WORDS GAME
Complete the words | 다음의 단어를 완성해 보세요.

g i r a f f e   기린
g r a p e   포도
g u i t a r   기타
g i r l   소녀
g o a t   염소
g r a s s   잔디

39

p39

WORDS GAME
Fill in the blanks | 그림의 단어의 철자를 채워 보세요.

햄버거   h a m b u r g e r
말   h o r s e
집   h o u s e
h a m   햄
h a t   모자
h i p p o   하마

43

p43

WORDS GAME
Find and Circle | 다음의 알파벳들 속에서 그림에 해당하는 철자를 찾아 동그라미를 그리세요.

얼음   잉크   벌레   얼음집   인디언

i d i n h i i
g i c e r y n
d e c v b n d
z n i n k l i
i g l o o q a
r t y i x z n
i n s e c t g

47

p47

174

WORDS GAME
Correct the words | 그림의 철자를 순서대로 바르게 나열해 보세요.

| llyje   ceiju   glejun   amj   etj |

젤리 **j e l l y**

주스 **j u i c e**

정글 **j u n g l e**

잼 **j a m**

제트기 **j e t**

51

p51 🖉

WORDS GAME
Find and Match | 그림에 해당하는 단어를 선택해 보세요.

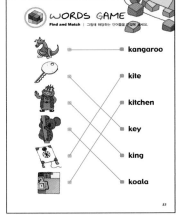

■ kangaroo

■ kite

■ kitchen

■ key

■ king

■ koala

55

p55 🖉

WORDS GAME
Complete the words | 다음의 단어를 완성해 보세요.

l i o n 사자

l e m o n 레몬

l o l l i p o p 막대사탕

l a m p 램프

l e g 다리

l a d d e r 사다리

59

p59 🖉

WORDS GAME
Fill in the blanks | 그림의 단어의 철자를 적어 보세요.

자석 **m a g n e t**

우유 **m i l k**

생쥐 **m o u s e**

m e l o n 멜론

m o t h e r 어머니

m u g 머그컵

63

p63 🖉

WORDS GAME
Find and Circle | 다음의 철자판 속에서 그림에 해당하는 철자를 찾아 동그라미를 그리세요.

방   그물   숫자   둥지   코

n	i	g	h	t	d
e	t	u	o	p	n
n	e	s	t	k	e
q	a	n	m	l	t
n	u	m	b	e	r
x	z	n	o	s	e

67

p67 🖉

WORDS GAME
Correct the words | 그림의 단어의 철자를 순서대로 바르게 나열해 보세요.

| toocpus   ilo   angeor   wlo   xo |

문어 **o c t o p u s**

기름 **o i l**

오렌지 **o r a n g e**

부엉이 **o w l**

황소 **o x**

71

p71 🖉

WORDS GAME
Find and Match | 그림에 해당하는 단어를 선택해 보세요.

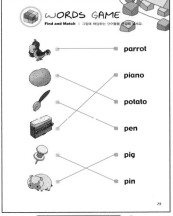

■ parrot

■ piano

■ potato

■ pen

■ pig

■ pin

75

p75 🖉

WORDS GAME
Complete the words | 다음의 단어를 완성해 보세요.

q u e e n 여왕

q u i l t 누비이불

q u i z 퀴즈

q u a t e r 4분의 1

q u i e t 조용한

q u e s t i o n 질문

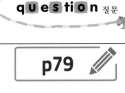

79

p79 🖉

WORDS GAME
Fill in the blanks | 그림의 단어의 철자를 적어 보세요.

라디오 **r a d i o**

무지개 **r a i n b o w**

로봇 **r o b o t**

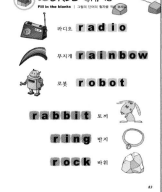

r a b b i t 토끼

r i n g 반지

r o c k 바위

83

p83 🖉

175

WORDS GAME

Find and Circle | 다음의 알파벳들 속에서 그림에 해당하는 철자들을 찾아 동그라미를 그리세요.

| 가위 | 구두 | 그네 | 바다 | 봉하다 |

```
s c i s s o r s
f d e h j k l m
s f d e x s u n
h l s e a m h j
o k j r t y u p
e q w s e a l o
w e t g f s a z
s w i n g x c v
```

p87 ✏️

WORDS GAME

Correct the words | 그림의 단어의 철자를 순서대로 바르게 나열해 보세요.

eetr ruckt liptu entt gerti

나무	**t r e e**
트럭	**t r u c k**
튤립	**t u l i p**
텐트	**t e n t**
호랑이	**t i g e r**

p91 ✏️

WORDS GAME

Find and Match | 그림에 해당하는 단어를 연결해 보세요.

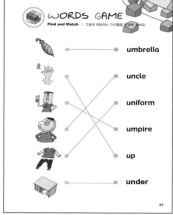

- umbrella
- uncle
- uniform
- umpire
- up
- under

p95 ✏️

WORDS GAME

Complete the words | 다음의 단어를 완성해 보세요.

v a s e	꽃병
v e g e t a b l e	야채
v i n e	덩굴
v e t	수의사
v i o l i n	바이올린
v e s t	조끼

p99 ✏️

WORDS GAME

Fill in the blanks | 그림의 단어의 철자를 적어 보세요.

짐마차	**w a g o n**
수박	**w a t e r m e l o n**
풍차	**w i n d m i l l**
w a t c h	시계
w e b	거미집
w i g	가발

p103 ✏️

WORDS GAME

Complete the words | 다음의 단어를 완성해 보세요.

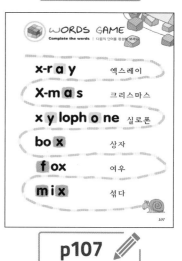

x-r a y	엑스레이
X-m a s	크리스마스
x y l o p h o n e	실로폰
bo x	상자
f o x	여우
m i x	섞다

p107 ✏️

WORDS GAME

Correct the words | 그림의 단어의 철자를 순서대로 바르게 나열해 보세요.

arny gurtyo oy-oy wollye yahct

털실	**y a r n**
요구르트	**y o g u r t**
요요(장난감)	**y o - y o**
노란색	**y e l l o w**
요트	**y a c h t**

p111 ✏️

WORDS GAME

Complete the words | 다음의 단어를 완성해 보세요.

z e b r a	얼룩말
z o o	동물원
z i p p e r	지퍼
z e r o	제로, 영
z i g z a g	지그재그
Z ZZ	코 고는 소리

p115 ✏️

176